Angelika Wolf

Die Trauer wird bleiben, weil sie Liebe ist

Impressum

Bibliografische Information der Deutschen Nationalbibliothek:
Die Deutsche Nationalbibliothek verzeichnet diese Publikation
in der Deutschen Nationalbibliografie;
detaillierte bibliografische Daten sind im Internet
über http://dnb.dnb.de abrufbar.

Die automatisierte Analyse des Werkes, um daraus
Informationen insbesondere über Muster, Trends und
Korrelationen gemäß §44b UrhG („Text und Data Mining")
zu gewinnen, ist untersagt.

© 2025 Angelika Wolf

Verlag: BoD · Books on Demand GmbH, Überseering 33,
22297 Hamburg, bod@bod.de
Druck: Libri Plureos GmbH, Friedensallee 273, 22763 Hamburg

ISBN: 978-3-7693-6864-2

Angelika Wolf

Die Trauer wird bleiben, weil sie Liebe ist

Für meine Eltern

Vorwort

Mir ist es ein Anliegen, das Thema Trauer anzusprechen. Trauer ist in unserer Zeit und Kultur leider ein Tabuthema. Eher darf man intime Details ausplaudern, aber über Trauer sollte man nicht reden. Besser noch Trauer sollte man gar nicht leben. Die Zeit heilt schließlich alle Wunden. Aus eigener Erfahrung weiß ich, dass die Zeit die Wunden heilt, aber die Narben immer zurückbleiben.
Doch eines Tages wird man erkennen, dass Trauer nicht ausschließlich Traurigkeit bedeutet. Trauer ist die verwandelte Form von Liebe. Wir haben diesen Menschen, den wir schmerzlich vermissen, geliebt. Hört diese Liebe denn jemals auf? Der Tod beendet zwar das Leben eines Menschen, aber nicht unsere Liebe zu ihm.
Eines Tages wird man verstehen, dass dieser Schmerz ein Zeichen der Liebe ist. Haben wir diesen Menschen vollständig verloren? Oder bleibt nicht immer etwas von ihm in uns zurück? Das, was er uns gab, kann uns doch auch der Tod nicht nehmen. Können wir aus dieser Erkenntnis, dass nichts verloren ist, nicht den Weg in unser neues Leben finden? Ein Leben, das wieder schön sein könnte? Ein Leben, das uns erfüllt und wir glücklich leben, weil es der Wunsch unserer Verstorbenen wäre. Doch es wird immer ein Teil der Trauer bleiben, weil sie Liebe ist.

Herzlichst
Angelika Wolf

Die Trauer wird bleiben, weil sie Liebe ist

Das Gefühl der Trauer wird jeden von uns irgendwann einmal in unserem Leben erfassen. Es ist ein sehr schmerzhaftes Gefühl. Man sollte es zulassen und sich erlauben, traurig zu sein. Danach wird man erkennen, dass hinter diesem Schmerz noch etwas anderes steckt. Die Liebe. Die Liebe zu dem Menschen, den man nun so schmerzlich vermisst.
Denn »Vorbei« ist nicht gänzlich vergangen, es ist nur verändert. Das Leben dieses geliebten Menschen ist beendet, aber niemals die Liebe, die uns verbunden hat.
Wenn man sich bewusst macht, dass man die Liebe nicht verloren hat und diese auch nicht endet, kann Trauer nicht nur Traurigkeit, sondern auch eine Form von Liebe sein. Die Kraft der Liebe wird uns helfen, einen Weg aus der schmerzhaften, teilweise lähmenden Trauer zu finden.

Wer mich kennenlernt, würde mich als fröhlichen und lebensbejahenden Menschen empfinden. Wer mich näher kennt, weiß, dass ich sehr nachdenklich bin. Ich würde lieber sagen, dass ich alles überdenke.

Deshalb ist es nicht verwunderlich, dass ich mich intensiv mit dem Thema Trauer auseinandergesetzt habe. Gerade weil ich positiv dem Leben gegenüberstehe, scheue ich mich nicht, dem Tod oder dem Sterben entgegenzutreten. Ich denke, dass die meisten Menschen vor dem Thema Tod sehr viel Angst haben und genau aus diesem Grund Trauer immer noch ein Tabuthema ist. Jeder Trauernde wird bemerken, dass zu Beginn noch höflich gefragt wird, wie es ihm geht, und dann immer weniger. Wenn man zugibt, zu trauern, erntet man mitleidige Blicke.

Warum darf man nicht zu seinen Gefühlen stehen? Weshalb nicht zuzugeben, wie sehr es wehtut? Wie schwer es ist, ohne den geliebten Menschen zu leben?

Es ist sehr traurig, den Verstorbenen totschweigen zu müssen. Solange wir über unsere Toten sprechen, uns an sie erinnern, leben sie doch in unseren Gedanken und Herzen weiter und dies ist doch ein wunderbarer Trost. Man hat diesen Menschen geliebt, den man jetzt so vermisst. Hört diese Liebe auf, weil jemand gestorben ist? Darf ich, da ich weiter lebe, nicht traurig sein, dass er nicht mehr bei mir ist? Kann ich meine Trauer nicht leben und vielleicht eines Tages erkennen, dass sie Zeichen einer großen Liebe ist? Ist es uns überhaupt möglich, diese Person gänzlich zu verlieren oder wird nicht immer etwas von ihm in uns bleiben? Das, was er uns gab, kann uns auch der Tod nicht nehmen.

Können wir aus dieser Erkenntnis, dass nicht alles verloren ist, nicht den Weg in unser neues Leben finden? Ein Leben, das doch schön sein könnte? Ein Leben, das wir glücklich leben, weil dies der Wunsch unserer Verstorbenen ist?

Ich habe die Trauer erlebt und lebe sie in gewisser Weise weiter, da Trauer die verwandelte Form von Liebe ist. Alles im Leben unterliegt einer Wandlung, und auch die Liebe kann diese Veränderung durchleben. Wenn ich jemanden geliebt habe, werde ich ihn weiterhin lieben, auch wenn er nicht mehr da ist. Für mich stellt die Trauer eine Form dar, die Liebe zu zeigen und zu leben. Die Trauer ist ein schmerzhafter, aber notwendiger Prozess, der jedoch auch als schön empfunden werden kann.

Aus meiner Erfahrung möchte ich den Menschen etwas mit auf den Weg geben. Die Reise, die aus dem Tal der Tränen führt. Es ist ein langer, beschwerlicher Weg. Er liegt ungewiss vor einem. Man wird öfter fallen und wieder aufstehen. Man hat das Gefühl, am Ende seiner Kräfte angekommen zu sein. Man wird zweifeln und denken, man könne den Weg nicht weitergehen. Doch am Ende steht ein Reifeprozess, eine Erfahrung, die zwar schmerzhaft, aber dennoch sehr lehrreich ist. Man kann seine eigene Persönlichkeit weiterentwickeln, da man an seine eigenen Grenzen stößt. Ich habe diesen Prozess durchlaufen und kann sagen, dass ich nicht zerbrach, sondern gestärkt wurde.

Bis man das erkennt, muss man einen langen Weg zurücklegen, da es am Anfang so ist, als wäre die Welt plötzlich dunkel geworden. Es sieht so aus, als hätte sich ein schwarzer Schleier über alles gelegt und die Farben verblasst. Da ist nichts als unermesslicher Schmerz und tiefe Traurigkeit.

Der Tag, an dem es dunkel wurde

Hell schien die Sonne am Himmel
und doch waren hier und da ein paar Wolken zu sehen.
Manchmal verdichteten sich die Wolken.
Und wurden zu düsteren schwarzen Gewitterwolken,
die Unheil bringend am Himmel zogen.
Doch auch nach dem stärksten Wolkenbruch,
kam irgendwann die Sonne wieder hervor,
immer und immer wieder.

Bis zu dem Tag, an dem sich alles verdunkelte.
Die Wolken bedeckten die Sonne, den Mond, die Sterne
und es wurde Nacht
Dichte, schwarze Dunkelheit hüllte alles ein.
Kein Lichtschein zu sehen, nur undurchdringliche Finsternis.
Mit der Dunkelheit schien alles verändert.
Nichts war mehr wie früher.
Ohne Sonne, ohne Licht, wurde es kalt.
Kalt und immer kälter.
Frost überzog alles.
Und mein Herz schien erfroren
Und meine Seele trug einen schwarzen Schleier.

So lebte ich einige Zeit in der Dunkelheit.
Doch eines Tages erschien am Himmel ein kleiner Lichtfleck,
ein kleiner heller Schein in der Dunkelheit.
Kaum wahrnehmbar und doch bemerkte ich ihn.
Ich erkannte, dass es nun lange Zeit,
nach dem Tag, an dem es dunkel wurde.
Wieder einen Lichtblick gab.

Umso länger ich den Lichtschein betrachtete,
desto größer wurde er.
Bis er als leuchtend heller Stern am Himmel stand.
Zuerst blendete mich das strahlende Licht.
Meine Augen schmerzten und die Helligkeit,
die von dem Stern ausging, machte mir sogar etwas Angst.
War ich es doch gewohnt, im Dunkeln zu leben.
Ich wollte mich schon abwenden von dem Stern,
als er zu flackern begann, fast als wollte er mir ein Zeichen
schicken.
Danach stand er noch leuchtender am dunklen Himmel
und spendete nicht nur Licht, sondern auch Wärme.

Nicht viel, gerade so viel, dass mein eisiges Herz
davon berührt wurde
und die dicke Eisschicht, die sich darum gelegt hatte,
zu schmelzen begann.
Und nun kamen Empfindungen,
die nicht nur Schmerz und Trauer bedeuteten.
Es war eine tiefe Dankbarkeit, die mich erfüllte
und plötzlich erkannte ich,
dass dieser Stern mir den Weg weisen würde.
Ein Weg, der zwar immer noch im Dunkeln liegt,
aber von der Helligkeit des Sterns beleuchtet wird.
Sodass ich ihn finden kann.

Als ich meine ersten Bücher veröffentlichte, habe ich nicht nur viel Lob, sondern auch Kritik erhalten. Menschen, die nicht trauerten, fragten mich, warum und aus welchen Gründen ich trauere. Zunächst wollte ich mich rechtfertigen, aber bald habe ich erkannt, dass ich mich für meine Gefühle nicht rechtfertigen muss. Dies war ein bedeutender Lernschritt. Jeder Mensch hat das Recht, seine Gefühle zu leben, ohne sich dafür schämen zu müssen. Ich hoffe, dass ich durch meine Bücher etwas an die Menschen weitergeben kann. Ich möchte Trost spenden und vor allem Hoffnung vermitteln, denn das Leben geht auch ohne den geliebten Menschen weiter, ob wir möchten oder nicht. Jeder muss für sich einen Weg finden, das Beste daraus zu machen, auch wenn am Anfang die Trauer und der enorme Schmerz einen beherrschen. Ich habe alle Phasen der Trauer durchlebt und gehe davon aus, dass nur derjenige, der sie erlebt hat, eine Ahnung davon hat, wie es wirklich ist. Auch wenn es sich von Mensch zu Mensch unterscheidet.

Jeder muss selbst entscheiden, was ihm helfen kann. Bei mir war es seit vielen, vielen Jahren das Schreiben. Ich habe meine Trauer in Gedichten verarbeitet, und diese Verarbeitung ist wichtig. Schmerz muss man zulassen, denn nur so kann er geheilt werden.

Gefühle

Wenn meine Tage zu einsam,
die Nächte zu lang waren.
Wenn ich das Gefühl hatte,
an meinen ungeweihten Tränen zu ersticken.
Wenn mich die Last der Trauer niederdrückte,
und meine Hoffnungslosigkeit zu groß wurde,
dann wurde das Schreiben mein Trost.

Das Schreiben über das Gefühl der Verzweiflung
einen geliebten Menschen verloren zu haben.
Mein Schmerz, ohne diesen Menschen weiterleben zu müssen
und die nie zu stillende Sehnsucht, das ständige Vermissen.

All die Trauer, die Verzweiflung, der Schmerz.
Aber auch das Gefühl der Liebe
konnte ich durch meine Gedichte in Worte fassen.
Worte, die mir sonst vielleicht nie über die Lippen
gekommen wären.

Dadurch wuchs meine Erkenntnis,
dass am Anfang als auch am Ende nur das eine steht:
Die Liebe
Die Liebe, die alles überdauert,
die Liebe, die nie ein Ende findet,
und ich erkannte, dass Trauer Liebe ist.

Durch den Kontakt mit anderen Trauernden habe ich festgestellt, dass auch sie Trost und Hoffnung durch meine Gedichte finden. Dies hat mich dazu bewogen, meine Bücher zu schreiben. Ich habe die Hoffnung, wenigstens einigen Menschen in schweren Zeiten zu helfen. Und sei es auch nur, um zu verstehen, dass sie mit ihren Gefühlen, die mit einem Achterbahn fahren, nicht alleine sind. Viele haben es durchgemacht und alle haben es überstanden, und eines Tages wird man wieder zum Leben zurückfinden. Es wird niemals mehr so sein wie vorher und dennoch kann es schön sein.

Ich habe gelernt, mit der Trauer umzugehen. Ich verstehe, dass eine gewisse Form der Trauer immer bleiben wird. Selbstverständlich schwächt die Trauer ab, denn in gewisser Weise heilt die Zeit wirklich alle Wunden, doch die Narbe bleibt bestehen. Sie wird sich immer wieder bemerkbar machen, manchmal mehr, mal weniger. Kann man diesen Schmerz jedoch nicht als Zeichen einer Liebe sehen, die nicht zu Ende ist?

All diese Fragen habe ich mir gestellt, als mich die Trauer vor Jahren mit voller Wucht traf. Sie schlug grausam und unbarmherzig zu. Selbstverständlich gab es bereits vorher einige Todesfälle meiner Familie, aber als mein Vater verstarb, war alles anders. Ich fühlte mich in einem tosenden Meer, von wilden Wellen hin und her geschleudert, nahe am Ertrinken. Ohne Rettung oder helfende Hand. Die Hand reichte mir wirklich niemand. Weshalb auch? Es war „nur" der Vater. Es war unerheblich, dass ich ihn jahrelang nach seinem schweren Schlaganfall betreut habe und ich täglich mit ihm zusammen war. Ob man als Kind, Ehepartner oder Elternteil trauert, ist nicht ausschlaggebend. Wie eng und stark die Beziehung war, ist entscheidend. Jeder leidet, und jeder wünscht, dass man ihm Mitgefühl entgegenbringt. Bei mir war es also „nur" der Vater, doch für mich war es wie ein Schlag. Obwohl ich mit diesem Tag gerechnet und mich viele Jahre davor gefürchtet habe, konnte ich nicht erahnen, wie es sein wird.

Regentropfen

Regen prasselt an die Fensterscheibe.
Wie so oft sehe ich hinaus in die dunkle Nacht.
Hinaus in eine Welt, die nicht mehr die meine ist.
Hinaus in die Nacht, die genauso dunkel ist,
wie es in mir dunkel ist.

Meine Hände berühren die Fensterscheibe, sie fühlt sich kalt an.
Genauso kalt, wie es sich in mir anfühlt.
An meinen Fingern spüre ich Wassertropfen.
Doch es hat aufgehört, zu regnen.
Da weiß ich, dass es meine Tränen sind.

Ich denke, man bleibt ein Leben lang, Kind, egal, wie alt man ist. Ab dem ersten Atemzug stehen die Eltern für Sicherheit und Geborgenheit. Wenn ein Elternteil stirbt, bricht ein Pfeiler dieses Fundaments plötzlich ab. Seit meiner Geburt war mein Vater ein wichtiger Teil meines Lebens, 37 Jahre lang. Ich sollte nun ohne ihn leben, und war es noch nie gewohnt.

Der zweite Pfeiler meines Fundaments war meine Mutter, um die ich große Sorgen machte. Während ich gefühlsmäßig noch im tosenden Meer umhertrieb, um dann später an den Strand gespült zu werden, um dort benommen liegenzubleiben, machte sie einfach weiter. Sie war diszipliniert wie zuvor, doch ich erkannte, dass sie innerlich zerbrach. Sie weinte nicht, sie klagte nicht, sie war so stark. In ihren Augen sah ich eine Traurigkeit, die mir fast noch mehr das Herz brach, als der Tod meines Vaters. Sie organisierte, tröstete und tat so, als ob alles in Ordnung wäre. Ich kann sagen, dass sie sich in einer Art Schockstarre befand. Sie machte mechanisch weiter, wie bisher. Die Natur richtete das gut ein. Es ist unmöglich zu fühlen, da es unmöglich ist, diese Gefühle zu ertragen. Es ist, als wenn die Erde sich aufhört zu drehen, die Vögel ihren Gesang verstummen und die Welt im Dunkeln liegt. Die Welt meiner Mutter blieb dunkel, wie die Nacht, in der mein Vater starb. Sie machte monatelang tapfer weiter, und niemand hatte erkannt, wie sie leidet. Ich wusste, dass sie, wenn sie ihre Gefühle nicht endlich zulassen würde, krank werden würde. So begann ich mit meinen Trauergedichten. Das erste Gedicht entstand, in dem ich versuchte, ihre Gefühle nachzuempfinden und wiederzugeben, die sie am Sterbebett meines Vaters bewegt hatten. Deshalb auch die wehklagenden Schwäne, denn auch wenn die Vögel verstummt waren, so schrien doch die Schwäne des benachbarten Parks in der Nacht, als Papa starb, und so entstand:

Der Schrei

Dunkel bricht die Nacht herein,
in der Ferne hör' ich Schwäne schrei'n.
Weiß nicht, was soll es bedeuten,
doch als dann auch die Glocken läuten,
weiß ich, nun ist Dein Weg bereitet,
auf dem Du von Engeln wirst begleitet.

Ich lass' Dich los und lass Dich gehen.
Sag Dir leise flüsternd „Auf Wiedersehen".
Ein letzter Kuss, ich wünsch Dir Glück
dann bist Du fort – ich bleibe zurück.
Dir ist Dein Frieden nun geschenkt.
Stille sich hernieder senkt.

Ein Schrei, die Stille jäh durchbricht,
doch ist er lautlos, man hört ihn nicht.
In mir schreit es „nun ist's vorbei!"
Und dann bricht mir mein Herz entzwei.
Egal, was die Zukunft mir auch bringt
der Schrei in mir nie mehr verklingt.

Nachdem ich mein Gedicht meiner Mutter vorgelesen hatte, brach alles aus ihr heraus. Es war, als würden Schleusen geöffnet werden. Sie weinte heftig. Sie weinte endlich und so begann langsam ihr Heilungsprozess. Trauer ist keine Krankheit, aber es bedarf Zeit, um die schmerzhafte Form der Trauer zu heilen. Oftmals ist es schwierig, sich seinen eigenen Gefühlen zu stellen. Verdrängen ist eine leichtere Methode. Meine Erfahrung ist, dass man durch Verdrängen nichts erreichen kann. Es scheint, als ob in einem Topf etwas kocht und blubbert, und man hält den Deckel fest darauf. Eines Tages wird es den Deckel mit Wucht wegdrücken und überquellen. Es wäre besser, den Deckel behutsam zu entfernen. Auch unsere Gefühle kochten über. Unsere Gedanken drehten sich ständig um das „Warum". Warum wurde uns Papa genommen? Wie können wir mit diesem Verlust umgehen?

Es gibt keine Antworten auf all diese Fragen. Alles bleibt still und gleichzeitig möchte man schreien, da der Schmerz unerträglich ist. Er war doch ein wichtiger Teil unseres Lebens. Wie soll ein Leben ohne ihn möglich sein? Die Fragen, Gedanken und Verzweiflung gehören zum Trauerprozess dazu. Ebenso wie zahllose Tränen. Daraus könnte ein Meer entstehen.

Tränenmeer

Viele Tränen habe ich um Dich geweint,
seit dem Tag, als wir nicht mehr vereint.
Als hier auf Erden unsere Liebe zu Ende.
Als Du Dich begabst in Gottes Hände.

Geweint und gezweifelt und oft auch geflucht.
Hier und dort – überall nach Dir gesucht.
Gehofft und gebetet und doch nie erhört.
Fühlte mein inneres Selbst zerstört.

Verzweifelt gelitten mit schmerzhaftem Sehnen
Vergoss ich wohl hunderttausende Tränen.
Ein Meer könnte wohl daraus entstehen.
So groß ist der Wunsch, Dich wiederzusehen.

Doch all das Weinen hilft mir nicht.
So wisch' ich die Tränen vom Gesicht.
Denn ich weiß, es würde Dich traurig machen,
für Dich muss ich lernen, wieder zu lachen.

Also stell' ich mir vor, Du bist eine Träne in mir
und wenn ich weine, Dich für immer verlier'.

Damals nannte ich es das Tal der Tränen. Es ist ein langer Weg, um dort wieder herauszukommen. In diesem Tal liegen auch Sümpfe der Traurigkeit. Man fühlt sich, als hätte man keinen festen Boden mehr unter sich, strauchelt und der Morast zieht einen immer tiefer hinunter. Je mehr man sich wehrt, desto schneller wird man hinabgezogen. Es scheint, dass es kein Entrinnen mehr gibt, man würde in diesem Sumpf der Traurigkeit versinken. Es gibt nur eine Möglichkeit, es zuzulassen. Man wird hinuntergezogen. Oft muss man ganz unten sein, um wieder festen Boden unter den Füßen zu haben, bevor man sich mit letzter Kraft abstoßen und wieder in die Höhe tauchen kann. Möglicherweise haften Spuren des Schlamms an einem. Sie sind nicht leicht zu entfernen. Weshalb auch? Erinnern sie uns daran, dass wir dem Sumpf der Traurigkeit entkommen konnten. Nachdem wir diese Hürde genommen haben, können wir unseren Weg aus dem Tal der Tränen fortsetzen. Der Weg führt lange durch die Dunkelheit. Kein Tag gleicht dem anderen. Wir werden ihn Schritt für Schritt und jeder in seinem eigenen Tempo bezwingen.

Es ist eine wertvolle Hilfe, wenn man sich mit anderen Menschen austauschen kann. Das war mir mit meiner Mutter möglich. Alle Emotionen wurden von uns durchlebt. Das Warum? Die Hoffnungslosigkeit, dass dieser Schmerz nie aufhören wird. Vor allem aber auch die Liebe. Ich habe viel davon später für meine Gedichte verwendet. Es ist auch bekannt, dass in der Nacht, als mein Vater starb, Schreie der Schwäne zu hören waren. Mein Vater starb in einem Hospiz, das direkt neben Schloss Nymphenburg liegt. Es gibt dort viele Schwäne. Eigentlich sollten sie in dieser dunklen Herbstnacht schlafen, aber sie schrien und wehklagten. Dies war für mich natürlich ein Anlass, ein Gedicht zu verfassen.

Schwanengesang

Hast Du je den Gesang der Schwäne gehört?
Wehklagend und vom Schmerz verstört?
Ich habe ihren Gesang vernommen.
In der Nacht als das Liebste mir genommen.
Als ich innerlich wie zerrissen
bereits begann ihn zu vermissen.
Als ich innerlich wie tot,
in meiner größten Seelennot.
Hinausging in die dunkle Nacht.
Der schwerste Weg, den ich je gemacht.

Da hörte ich die Schwäne singen.
Ihr Lied durch die nächtliche Stille klingen.
Mal klang es leise, mal wie ein Schrei.
Wussten sie, es war vorbei?
Sangen sie für mich aus Trauer?
Und berührten damit die steinige Mauer,
die sich um mein Herz gewunden,
stärker als ich je empfunden.

Nur um nicht mehr fühlen zu müssen
nach den letzten Liebesküssen.
Nur um nicht zu glauben an das Ende
nach dem letzten Streicheln seiner Hände.
Nur um einfach nicht zu verstehen:
Ich werde ihn nie mehr wiedersehen!

Wie haben die Schwäne das gefühlt?
Wie innerlich ich aufgewühlt?
Das alles, was mein Leben ausgemacht
für immer erlosch in dieser Nacht.
Mein Leben sich nun völlig wendet,
denn sein Leben für immer ist beendet.
Ich dieses Wissen stets vermied.
Nun singen sie sein Totenlied.
Sodass in der tiefsten Nacht erklang.
Der wehklagende Schwanengesang

Je mehr man sich mit dem Thema Tod und Trauer auseinandersetzt, desto mehr lernt man auch über sich selbst. Jeder Mensch geht unterschiedlich mit seiner Trauer um. Der eine möchte ständig reden, was ihm hilft, seine Gefühle zu verarbeiten. Ein anderer ist in sich gekehrt, macht lieber alles mit sich selbst aus. Ich gehörte zu den Menschen, die sehr viel nachdenken. Oft stand ich nachts am Fenster und blickte hinaus. Die Sterne blitzen, ebenso wie in der Nacht, als sich Papa in die Ewigkeit aufgemacht hat. Obwohl meine Augen feucht von Tränen waren, bemerkte ich, wie hell die Sterne immer noch leuchteten. Ich wusste, dass die Dunkelheit am Morgen verging, aber ich hatte den Eindruck, dass Tag und Nacht einander ähnelten. Die Traurigkeit wird mich lange Zeit nicht verlassen und niemand kann sie von mir nehmen. Ich erkannte, dass je größer mein Schmerz ist, desto reicher ist auch mein Herz. Was mich jetzt so aufwühlt, ist das, was ich früher als Liebe empfunden habe. Niemand kann mir diese Erinnerung nehmen. Sie wird wie die Sterne in der Nacht für immer bestehen bleiben. Natürlich fühlte ich eine unerträgliche Sehnsucht, aber auch eine tiefe Dankbarkeit in meinem Herzen. Ich war mir sicher, dass die Erinnerungen mein Trost sein könnten. Sie sind das, was er mir hinterlassen hat. Ich konnte seine Stimme immer noch in Gedanken wahrnehmen. Im Geiste sah ich sein Gesicht vor mir. Ich denke daran, wie es war, als seine Hände über mein Haar strichen. In Gedanken sprach ich mit ihm: „In all diesen Erinnerungen bleibst du am Leben, ich ließ dich nie ganz gehen, denn ich weiß, ich trage dich in meinem Herzen. Ich nenne in Liebe deinen Namen, ich sende dir liebevolle Gedanken. So lebst du in gewisser Weise weiter.“

Ich hoffte, dass man sich eines Tages wiedersehen würde, wie viele andere auch. Gab es nicht schon tausende Jahre die Vermutung, dass der Tod nicht das Ende ist? Egal, ob in der Religion, antiken Kulturen oder spirituellen Ansichten. Selbst die Wissenschaft versucht, das Geheimnis zu entschlüsseln. Niemand hatte eine genaue Kenntnis darüber. Beweise gab es nicht oder doch? Existieren möglicherweise sogar Zeichen, die uns die Verstorbenen zukommen lassen können? Nur, damit wir wissen, dass es ihnen gut geht? Dann passierte die Geschichte mit der kleinen, grünen Eidechse.

Wie ich bereits erwähnt habe, hat meine Mutter sehr getrauert und besuchte täglich das Grab meines Vaters. Gleich zu Beginn lief ihr eine kleine, grüne Eidechse vor die Füße. Eigentlich ist das nichts Außergewöhnliches. Am nächsten Tag saß die kleine Eidechse erneut am Grab und erschien ab da täglich. Natürlich kann man mit logischem Verstand sagen, dass die Eidechse ihr Zuhause dort hatte und es reiner Zufall war, dass sie immer dann auftauchte, wenn meine Mutter am Grab war. Allerdings würde sich eine Eidechse wohl eher verstecken, wenn ein Mensch in ihre Nähe käme. Es schien, als wollte sie ein Zeichen senden und eine Botschaft vermitteln.

Die Geschichte der kleinen, grünen Eidechse

Es war einmal eine kleine, grüne Eidechse. Sie lebte auf einem Münchner Friedhof unter einem Blätterhaufen. Da kam sie nur selten heraus. Denn häufig, wenn sie sich herausgewagt hatte, kamen Menschen und die taten der kleinen Eidechse weh. Sie traten oder, was fast genauso schlimm war, sie übersahen sie einfach. Sie bemerkten überhaupt nicht, dass sie da war. Ein kleines Lebewesen, das einfach einmal beachtet werden und vielleicht sogar einige liebe Worte hören wollte. Die Menschen waren nicht gut zu der kleinen Eidechse, sodass sie sich meist in ihrem Blätterhaufen versteckt hielt.

Es machte die kleine Eidechse sehr traurig, denn sie liebte es, draußen zu sein, wo es so viel zu entdecken und zu erleben gab. Sie liebte die Sonne, die Luft und eigentlich auch die Menschen. Doch offenbar mochten die Menschen die Eidechse nicht. So kam sie nur selten hervor und zog sich dann schnell wieder unter ihre Blätter zurück.
Die kleine Eidechse wurde mit der Zeit immer trauriger. Sie fühlte sich ziemlich einsam. Sie saß in ihrer Schutzhöhle, um nicht mehr den Widrigkeiten des Lebens ausgesetzt zu sein. Oft grübelte sie, warum die Menschen sie so schlecht behandelten. Es fiel ihr aber keine Antwort ein. Sie wollte doch lediglich in Frieden leben. Die kleine Eidechse war sehr unglücklich, voller Depressionen, Frustrationen und Selbstzweifel.

Eines Tages, als sie sich wieder einmal nach draußen wagte, kam ein Mensch. Als der die kleine Eidechse in ihrem Blätterhaufen rascheln hörte, erschrak dieser Mensch sehr. Das überraschte die kleine Eidechse, denn sie hatte noch nie einen Menschen erlebt,

der schreckhafter war als sie. Sie verhielt sich vollkommen still und beschloss, den Menschen zu beobachten. Als sie merkte, dass der Mensch keine Anstalten machte, ihr etwas Böses zu tun, kam sie zaghaft näher. Da begann der Mensch zu sprechen. Er sprach tatsächlich mit der kleinen Eidechse. Und das mit einer so sanften und lieben Stimme, dass es der Eidechse ganz warm ums Herz wurde.

„Wer bist denn du?", fragte der Mensch. „Du bist aber schön."

Wenn der Mensch nicht so groß und so weit oben wäre, hätte er sehen können, dass der kleinen Eidechse eine Träne über die schuppige Haut tropfte. Die kleine Eidechse weinte, weil sie in der Stimme des Menschen so viel empfand. Nicht nur, dass dieser Mensch mit der weichen Stimme sehr liebevoll sprach, sondern in der Stimme hörte die kleine Eidechse tiefe Traurigkeit, fast schon Verzweiflung. Weshalb sollte dieser freundliche Mensch, der so lieb sprach, wohl so traurig sein? Die kleine Eidechse hatte den Wunsch, das herauszufinden.

Sie sah nun jeden Tag aus ihrem Versteck hervor und endlich war es so weit. Der liebe Mensch kam erneut zu Besuch an das Grab. Die Eidechse kam vorsichtig hervor, um den lieben Menschen nicht wieder zu erschrecken. Dieses Mal erschrak der Mensch nicht. Es schien, als würde er sich freuen, die kleine Eidechse zu sehen. Und wieder sprach er mit sanfter Stimme:

„Ja, kleine Eidechse, bist du wieder da, du bist aber wirklich schön, deine grünen Schuppen wirken wie Glitzersteine."

Oh, war das ein guter Mensch? Die kleine Eidechse war ganz aufgeregt, weil sie so glücklich war.

Dann ging der liebe Mensch weg und die kleine Eidechse bemerkte, dass die Schritte des Menschen schleppend waren, als ob er eine schwere Last mit sich herumtragen würde. Das zu sehen, schmerzte die kleine Eidechse sehr, ein so lieber Mensch und so traurig, warum nur?

Am Abend, als keine Menschen mehr unterwegs waren, kam die kleine Eidechse hervor, setzte sich in den Mondschein und grübelte nach. Plötzlich erschien im hellen Licht des Mondes ein alter Mann, wie aus dem Nichts aufgetaucht. Die kleine Eidechse hat ihn nicht kommen hören. Sie fürchtete sich seltsamerweise nicht. Der alte Mann wirkte freundlich und gütig. Oh, dieser würde zu meinem lieben Menschen passen, dachte die kleine Eidechse. Da begann der alte Mann mit einer tiefen, ganz samten Stimme zu sprechen.

„Na kleine Eidechse, bist du traurig?"

 Es war eigenartig, der alte Mann sprach und doch hörte die kleine Eidechse seine Worte nur in ihrem Herzen. Er war da und doch nicht da. Er war sowohl nahe als auch fern. Er war wirklich und doch schien er unwirklich. Bevor die kleine Eidechse über dieses Phänomen nachdenken konnte, sagte der alte Mann:

„Du bist traurig, aber du denkst nicht über deine eigene Traurigkeit nach, sondern über die Traurigkeit eines Menschen."

„Ja, kennst du den Menschen?", fragte die kleine Eidechse.

„Ja", sagte der alte Mann, „ich liebe diesen Menschen von ganzem Herzen und bin sehr traurig, ihn so verzweifelt zu sehen."

„Ist es uns nicht möglich, ihm zu helfen?", fragte die kleine Eidechse.

„Ich nicht", sagte der alte Mann, „aber du!"

„Ich" stellte die kleine Eidechse fest und fragte: „Was kann ich denn tun, ich bin doch nur eine kleine Eidechse?"

„Du bist vielleicht klein, aber du hast die Seele dieses Menschen berührt", sagte der alte Mann. „Vor lauter Traurigkeit kann der

Mensch nichts mehr empfinden. Er legte sich einen Schutzpanzer um die Seele, um nicht zu zerbrechen, aber als er dich sah, rührte sich etwas in ihm", erklärte er weiter.

„Meinst du tatsächlich?", fragte die kleine Eidechse.

Der alte Mann fragte: „Natürlich. Würdest du mir helfen, diesem Menschen Trost zu spenden?"

„Ja, aber wie?", fragte die kleine Eidechse erstaunt.

Der alte Mann sagte: „Schau, du bist so schön, deine grüne Haut sieht aus wie Glitzersteinchen und du weißt ja, Grün ist die Farbe der Hoffnung. Zeig dich dem Menschen und er wird wissen, dass ich dich geschickt habe. Er wird wissen, dass ich ihm sagen will, dass es immer eine Hoffnung gibt."

„Meinst du?", antwortete die kleine Eidechse.

„Aber sicher", sagte der Alte, „und Hoffnung ist das Wichtigste im Leben. Hoffnung hilft uns, unser Leben durchzuhalten, wenn sich auch für diesen Menschen in diesem Leben die Hoffnung nicht mehr erfüllt. Trotzdem besteht die Hoffnung auf ein Wiedersehen mit mir und die Hoffnung, in meiner Welt glücklich zu sein – und eines Tages wird aus dieser Hoffnung eine Gewissheit."

Bevor die kleine Eidechse antworten konnte, verschwand der alte Mann so plötzlich, wie er erschienen war.

Die kleine Eidechse konnte sich die Situation nicht erklären und verstand das alles nicht so recht. Doch eines wusste sie, sie hatte eine Aufgabe. Sie musste ihre Schutzhöhle verlassen, um dem geliebten Menschen die Botschaft des alten Mannes zu vermitteln. Sie musste sich zeigen, um zu verdeutlichen, dass es eine Hoffnung gab.

Hoffnung, die dann eines Tages zur Gewissheit wird.

So hatte es der alte Mann gesagt.

Es war für uns eine Botschaft. Grün ist die Farbe der Hoffnung. Es war, als ob an einem regnerischen Tag, an dem alles grau in grau ist und der Himmel weint, plötzlich ein Sonnenstrahl zwischen den Wolken zu sehen war. Wir nahmen die Welt erneut mit allen Sinnen wahr. Wir hörten den fröhlichen Gesang der Vögel und sahen die bunten Blumen am Wegesrand. Es schien, als ob all diese kleinen, ganz selbstverständlichen Dinge ein Indiz dafür wären, dass es trotz aller Dunkelheit immer wieder einen Lichtblick gibt. Man muss ihn nur erkennen. Dieser Lichtblick könnte eine kleine Flamme sein, die in uns brennt und die man Liebe nennt.

Was wahre Liebe war

Was wahre Liebe war,
wird immer Liebe bleiben.
Und knicken auch die Bäume
unter der Last des Schnees.
So bleibt doch die Liebe.

Und geht die Sonne auch unter,
um der Finsternis der Nacht Platz zu machen.
So bleibt doch die Liebe.
Und verstummen auch die Vögel mit ihrem Gesang,
um sich zur Ruhe zu begeben.
So bleibt doch die Liebe.

Die Kälte, die Dunkelheit und die Stille
legen sich auf unser Herz.
Doch dieses ist so erfüllt von Liebe,
dass sie uns selbst an dem kältesten Wintertag,
ein strahlendes Licht schickt
in der dunkelsten Nacht.

Und selbst die Stille vermag sie zu besiegen,
denn sie ist der helle Klang,
der unser Herz zum Schwingen bringt
und der erst verstummt,
wenn auch wir den letzten Atemzug getan:

Denn was wahre Liebe war,
wird immer Liebe bleiben.

So verging unser erstes Trauerjahr und es nahte der erste Todestag im September. Alles, was wir bis dahin verarbeitet hatten und dachten, mit der Trauerarbeit erfolgreich voranzukommen, war ein Trugschluss. Wir glaubten, wir könnten bald das Tal der Tränen verlassen, doch wir stellten fest, dass die Trauer bislang nicht verblasst war. Denn dieses Jahr verdeutlichte uns etwas.

Wir hatten den Winter ins Land kommen sehen. Alles war mit einer weißen Schneedecke verhüllt. Die Natur hatte sich zum Schlafen gelegt.   Dann kam der Frühling und die Blumen traten langsam wieder aus der Erde hervor. Die Bäume zeigten Knospen, und die Natur erwachte. Und schließlich kam der Sommer. Alles blühte und strahlte voller Schönheit und Lebendigkeit. Warum ist es bei der Natur so einfach? Können die Menschen nicht auch aufwachen, um ein neues Leben zu beginnen? Die Jahreszeiten wandelten sich ständig, kamen und gingen, aber Papa? Er wird nicht wiederkommen. Dafür die schrecklichen Erinnerungen, die wir gehofft hatten, aus unseren Gedanken verdrängt zu haben. Die Tage, die kurz vor dem Todestag lagen, erlebte man erneut. Man begab sich durch die Hölle. Gleichzeitig war man sich bewusst, dass diese Tage damals der Himmel auf Erden waren, da er noch bei uns war. Jetzt war alles anders als vorher.

September

Die Bäume verlieren langsam ihr Laub.
Ich nie mehr an den Frühling glaub'.
Die Tage an Helligkeit verlieren.
Es fängt mich bald schon an zu frieren.

Der Herbst naht mit schnellen Schritten,
erinnert an das, was ich erlitten.
Die dunklen Nächte werden lang.
In meinem Herzen ist mir bang.

Die Sonne lässt sich kaum noch blicken.
Meine Tränen drohen, mich zu ersticken.
Ach, könnte doch die Zeit stillstehen,
die Erde aufhör'n sich zu drehen.

Denn September-Melancholie
ist mehr als nur ein Wort.
Auf mich trifft sie zu,
denn da gingst Du für immer fort.

Wir wussten, dass wir noch viele Wochen durch unseren Trauerprozess gehen würden. Es ging an manchen Tagen besser, an anderen war der Schmerz stärker spürbar. Vielen anderen Trauernden erging es genauso. Man denkt, dass das erste Jahr das Schlimmste ist, aber viele empfinden das zweite Jahr als schlimmer. Es ist wahrscheinlich, dass man im ersten Jahr noch unter Schock stand. Für mich war es stets so, dass ich dachte, „bald kommt Papa wieder". Ich war es gewohnt, dass er oft längere Zeit im Krankenhaus verbracht hatte, aber er kam immer wieder. Nur dieses Mal? Ich musste langsam begreifen, dass ich dieses Mal vergeblich wartete. Ich habe mich unbewusst selbst belogen und an seine Rückkehr geglaubt. Nun konnte ich meine Lüge nicht mehr aufrechterhalten. In dem Moment, in dem ich mir das bewusst wurde, war der Schmerz unermesslich groß. Ich fühlte mich, als würde mein Herz herausgerissen. Jedoch, wen wundert es? Ich hatte ihm doch mein Herz geschenkt.

Dieser Schmerz verwandelte sich plötzlich. Mein Papalino und ich waren so eng verbunden gewesen, dass der Tod uns niemals vollständig trennen kann. Eines Nachts erwachte ich und schrieb das folgende Gedicht.

Besuch vom Vater

Was spür' ich hier in diesem Raum?
Ich bin doch wach, es ist kein Traum.
Mir ist, als hätte mich etwas berührt.
Als hätte ich Deine Hand gespürt.

Ein Trugbild nur, die Fantasie.
Ich weiß, Du kommst zurück gar nie.
Und doch fühle ich mich nicht allein.
Es ist nicht wahr und kann nicht sein.

Hab' ich ein Flüstern nicht gehört?
Ich fühle mich so sehr verstört.
Der Wunsch so stark, die Sehnsucht groß.
Du gingst zwar fort, ich ließ nicht los.

Da hab' ich wieder ein Geräusch vernommen.
Bist Du zu mir zurückgekommen?

Nein, es war doch nur der Wind.
Da täuschst Du Dich, mein liebes Kind.
Hast Du hier zu mir gesprochen?
Ja, denn Du hast in der Trauer Dich verkrochen.

Dein Leiden konnte ich nicht mehr sehen.
Werde so zwischen den Welten gehen;
um immer wieder bei Dir zu erscheinen,
denn mein Kind, das soll nicht weinen.

Der Vater lässt Dich nicht allein.
Ich werde immer bei Dir sein.
Vielleicht kannst Du mich nicht erkennen.
Vielleicht kann ich Worte nicht benennen.

Kann Dich nicht streicheln und berühren,
wirst Du mich dennoch immer spüren.
Ich bin bei Dir und werd Dich stärken.
Oft wirst Du mich gar nicht mal bemerken.

Vielleicht denken, dass es nur ein Lufthauch war,
wenn meine Seele Dir kommt nah.
Und denken, es war nur der Wind.
Doch Dein Vater ist's, mein liebes Kind.

Selbstverständlich war das alles nur meine Fantasie, das war mir vollkommen bewusst. Ich stellte mir das jedoch vor, wie es sein könnte. Da ich wie erwähnt ein sehr nachdenklicher oder auch wissbegieriger Mensch bin, hinterfrage ich alles. Ich wünsche mir Erklärungen, logische Erklärungen. Demzufolge habe ich mich auch mit diesem Thema unter jedem Blickwinkel auseinandergesetzt. Ich habe keine korrekte und beweisbare Antwort gefunden. Es war für mich ein großer Trost, zu denken, dass immer etwas bleibt.

Ich erkannte, dass Trauer auch schöne Momente beinhalten kann, erinnert man sich doch an alles, was den Menschen ausgemacht hat. An alles, was einen miteinander verbunden hat. Wie viele Situationen erlebt man erneut in seiner Erinnerung? Sei es ein Lied, das man gerne mit ihm gehört hat. Sei es ein Duft, der mit dem lieben Menschen in Verbindung gebracht wird. Bei all diesen Erinnerungen ist es, als würde man seinen Menschen wiederfinden oder in gewisser Weise noch verbunden sein. Diese Erinnerungen bleiben und so bleibt immer etwas vom Verstorbenen bei einem. Man kann beginnen, den Tod zu akzeptieren. Trotzdem wird man sich täglich wünschen, dass er zurückkommt.

Das überrascht niemanden. Wenn ich jemanden geliebt habe, möchte ich ihn stets bei mir behalten. Dennoch kann Liebe keine Wunder bewirken und der Mensch wird wiederkommen. Doch auf diese Weise ist es möglich, ihm nahezukommen. In meinem Herzen und in meinen Gedanken kann er stets bei mir sein. Niemand kann ihn mir nehmen und ihn nicht vertreiben. Sodass es immer eine Art von Trauer geben wird, denn sie ist Liebe. Trotz allem ist es mir möglich, ein neues und auch glückliches Leben zu führen. Ein Leben, in dem alles anders sein wird, als es einmal war.

Trotzdem erlaubt es uns, etwas Neues zu beginnen. Du wirst mit dem Menschen, den du so sehr vermisst, eine neue Beziehung haben. Wir werden dankbar sein, diesen Menschen ein Stück seines Lebens begleitet zu haben. So wird er uns nun begleiten und stets an unserer Seite sein, auch wenn wir ihn nicht sehen können. Unsere Seele wird ihn wahrnehmen und unser Herz wird seine Liebe spüren.

Als wir unseren Weg in dieses neue Leben geschafft hatten, schlug das Schicksal erneut unbarmherzig zu. Es war grausam. Ich war mir damals nicht bewusst, wie grausam es war.

Meine Mutter wurde wieder sehr krank. Wir beide haben es bereits mehrfach in unserem Leben erlebt. Doch ließen wir uns durch Schicksalsschläge nicht unterkriegen. Gemeinsamkeit macht stark. Deshalb lautete unser Motto: „Zwei Halbe geben auch ein Ganzes." Das war mehr als Mutter und Tochter. Dies war eine innige Freundschaft, tiefe Vertrautheit, aufrichtige Liebe, fast schon eine Symbiose.

Eine war für die andere da. Wir gaben einander Kraft und Halt in schwierigen Zeiten. Deswegen brachten wir auch dieses dunkle Kapitel unseres Lebens erfolgreich hinter uns. Wir dachten, nun könnten wir wieder nach vorn blicken und unser Leben weiter gestalten, als es geschah.

Das kam für mich gänzlich unerwartet. Ich hatte seit Kindheitstagen und ihrer ersten Krebserkrankung immer Angst, sie zu verlieren, aber die Erfahrungen zeigten, dass sie eine Kämpferin war. Ich bewunderte sie immer für ihre Stärke. Wusste ich doch, für wen sie kämpfte. Dafür habe ich sie geliebt. Immer versprach sie mir: „Ich bleibe bei dir." Da ich mich stets auf meine Mutter verlassen konnte, war ich der Überzeugung, dass sie bei mir bleiben würde. Dieses Mal hatte sie mich verlassen und das in einem Moment, in dem es nicht absehbar war. Ihr Versprechen konnte sie nicht einhalten. Das Schicksal hatte eine andere Entscheidung getroffen. Ich hatte in kürzester Zeit beide Elternteile verloren.

Ich bleibe allein

Langsam flattert ein einsames Blatt zur Erde.
Zerfällt es oder wächst daraus ein neuer Baum,
neues Leben?
Ich weiß es nicht.
Ich weiß gar nichts mehr.
In mir ist es dunkel und kalt.

Kälte, hervorgerufen durch Ausweglosigkeit,
Verzweiflung, Angst und Hass.
Hass, warum Du?
Warum auf diese Art Du?
Du, die immer gut warst?
Du, die immer so geliebt wurdest?

Es bleibt still in mir.
Ich bekomme keine Antwort.
Vielleicht wird sich eines Tages die Wahrheit enthüllen.
Momentan bleibe ich allein.
Allein mit meiner Traurigkeit

Ich hatte das Gefühl, ich müsste schreien, aber es fehlte mir die Kraft. Ich wollte weinen, wie ein Kind, doch ich hatte keine Tränen. Ich wollte aus dieser Situation flüchten, doch es gab kein Entkommen.

Ich hatte jedoch auch keine Zeit, mich um meine eigene Trauer zu kümmern, da ich die anderen trösten musste. Mein Mann, der meine Mutter liebte, wie wenn es seine eigene wäre, und meine Großmutter, die nun ihr Kind verloren hatte. Alles musste organisiert und erledigt werden, und so machte ich es genauso verantwortungsbewusst weiter wie meine Mutter beim Tod meines Vaters. Ich erkannte erst beim Schreiben dieses Buches, wie ähnlich wir uns in dieser Situation waren. Ich, die sagt, dass Verdrängen falsch ist, habe genau das gemacht. Ich habe mir keine Trauer oder das Vermissen erlaubt. Ich war einfach nur stark. Ich denke, die größte Schwäche des Menschen ist es, sich für stark zu halten oder zu glauben, es sein zu müssen. Die wahre Stärke liegt darin, seine Schwäche zuzugeben. Ich konnte, wollte und durfte es nicht.

Niemand

Du bist tot!
Meine ganze Welt hat sich über Nacht verändert.
Und doch lebe ich mein Leben weiter,
wie, wenn nichts geschehen wäre.

Alle bewundern mich, ob meiner Kraft.
Alle bewundern mich, ob meine Stärke.
Niemand erkennt, dass meine Seele zerbrochen ist.
Niemand bemerkt, dass ich mit dir gestorben bin.

Der Gedanke, dass sie für immer gegangen war, war so unerträglich, dass ich ihn nicht zulassen konnte. Ich habe all meine Gefühle und Empfindungen tief in mir verborgen. Einfach nicht darüber nachdenken, weitermachen, so als ob nichts geschehen wäre. Es ist überraschend, wie unterschiedlich man sich verhält. Ich konnte bei Papa trauern, bei Mama habe ich es vermieden. Ich habe jegliche Emotionen ausgeschaltet. Trotzdem ist ein Gefühl dennoch allgegenwärtig. Die Liebe. Ich fühle die Liebe intensiv und empfinde tiefe Dankbarkeit. Bis heute hat sich nichts daran geändert. Möglicherweise lag diese tiefe Dankbarkeit daran, dass die Beziehung zu meinen Eltern immer sehr innig war. Da wir zahlreiche Schicksalsschläge hinnehmen mussten, hat uns das miteinander verbunden. Außerdem fühlte ich mich stets verstanden und geliebt. Sie gaben mir Wurzeln, sodass ich mich am Boden sicher fühlte. Sie gaben mir Flügel, mit denen ich fliegen konnte, falls mir danach war. Sie teilten mit mir jede Freude und jedes Leid. Sie lehrten mir so viel und unterstützten meinen Weg. Sie waren ein Geschenk des Himmels. Wie konnte man mir ein Geschenk wieder nehmen? Ich fühlte mich vom Schicksal betrogen. Ich erkannte allmählich, dass das, was meine Eltern mir gegeben hatten, niemand mehr nehmen kann. Es wird für immer bei mir bleiben. Das, was wir erlebt haben. Alles, was ich von Ihnen lernen durfte. All ihr Vertrauen und der Glaube an mich. All das existierte weiter in meinen Erinnerungen, meinen Gedanken und meiner Seele. Ich erkannte, dass die Liebe das eigentliche Geschenk ist. Auch wenn ich den Eindruck hatte, dass mein Herz zerbrochen war, konnte ich immer diese Liebe fühlen.

Zerbrochenes Herz

Viele Monate nun schon ohne Dich
und doch fühle und spür ich nicht.
Nicht Trauer, nicht Schmerz hab' ich empfunden,
seitdem Du aus meinem Leben verschwunden.

Fühl mich einsam und innerlich leer,
fast so leblos, als geb's mich nicht mehr.
Meine Tränen versiegten ungeweint,
eine zulange Zeit, die wir vereint.

Zu groß der Verlust, um ihn zu erfassen.
Zu stark der Schmerz, um ihn zuzulassen.
Alle Gefühle tief in mir verkrochen,
seit dem Tag, an dem mein Herz zerbrochen.

Und doch hab' ich eins stets empfunden,
die Liebe, die uns immer verbunden.
Sie bleibt für immer von Dir zurück
und die Erinnerung, die nun mein Glück.

Anfangs hatte ich das Gefühl, dass ich die Geschehnisse zu ihren Lebzeiten aufarbeiten musste. Meine Eltern und ich hatten zu viel erlebt, zu viel war passiert. Erinnerungen und Bilder, die in Albträumen immer wieder auftauchen. Jeder, der einen geliebten Menschen durch Krankheit verloren hat, wird dieses Gefühl kennen. Man muss am Krankenbett mit ansehen, wie sehr der geliebte Mensch leidet und kann nichts daran ändern. Man fühlt sich hilflos und hat das Gefühl, dass es einem das Herz zerreißt. In solchen Momenten wird es einem besonders bewusst, wie sehr man diesen Menschen liebt. Ich versuche stets, dieses Gefühl in mir wachzurufen, diese tief empfundene Liebe. Das hilft mir bei meiner Aufarbeitung. Aber auch das Wissen, dass sie diese Grausamkeiten nie wieder erleben werden. Sie haben es überstanden, alles hinter sich gelassen. Vielleicht gibt es eine andere Seite, auf der sie jetzt sind und dort werden sie sich wohlfühlen. Dies ist meine Hoffnung, mein Glaube und mein Trost. Das half mir primär beim Loslassen. Ich durfte nicht mehr festhalten, wenn es für sie zu schwer wurde.

Ich folge meinem Herzen

Als der Schmerz zu groß, das Leid zu schwer.
Die Hoffnung schwindet, und es geht nicht mehr.
Ließ ich dich los und ließ dich gehen,
denn ich wusste, wir würden uns wieder sehen.

Du hast die Erlösung gefunden,
doch all das, was uns hier verbunden,
kann niemals enden und niemals vergehen.
Doch momentan heißt es, die Trauer überstehen.

Habe mich doch nie beklagt,
denn stets gewusst, was mein Herz mir sagt.
Bin stark geblieben, mit all meiner Kraft,
gewusst, dass man alles irgendwie schafft.

Eins hilft lindern, meine Seelenschmerzen.
Ich weiß, ich folge meinem Herzen.
Nicht heute – nicht morgen – irgendwann.
 Dann führen wir weiter, was auf Erden begann.

Da ich versuchte, jedes Gefühl auszublenden, habe ich noch ein letztes Trauerbüchlein meiner Mutter gewidmet und dann das Schreiben aufgehört. Wie kann ich etwas schreiben, wenn ich keine Gefühle mehr habe? Für mich war Schreiben immer ein Ausdruck von Gefühlen, von Lebendigkeit. In meinen Texten konnte ich alles leben und erleben. Einmal fragte man mich, wie ich die Gefühle einer Witwe so treffend beschreiben kann, wenn ich selbst keine sei. Muss ein Schauspieler einen Mord begehen, um glaubhaft einen Mörder zu spielen? Selbstverständlich nicht. Mit etwas Empathie kann man sich in die Person hineinversetzen, um dann auch ihre Gefühle beschreiben zu können. Ich wollte lange Zeit nicht mehr schreiben. Ich hatte diesen wichtigen Bestandteil meines Lebens aufgegeben. Zum Glück gab es Freunde, die immer wieder drängten.

So habe ich mich schließlich wieder an das Schreiben gewagt. Wie früher schon habe ich meine ganze Liebe und Leidenschaft in das Schreiben von Gedichten und Erzählungen gesteckt. Es handelte sich jedoch um ein gänzlich anderes Thema. Es ging um meine zweite Leidenschaft, das Sammeln von antikem Spielzeug. Mit jedem Wort, jeder Zeile, die ich verfasste, kehrte meine Freude und Begeisterung für das Schreiben wieder. Daher nun auch dieses Buch, das ich vor vielen Jahren begonnen hatte. Ich denke, dass es jetzt der richtige Zeitpunkt ist, es zu beenden, um es zu veröffentlichen. Möglicherweise sind dem kleinen Vogel endlich wieder Flügel gewachsen.

Der Seelenvogel

Ein letztes Aufbäumen deines Körpers.
 Dein letzter Atemzug.
Nun hat dein Herz aufgehört zu schlagen.
Für mich war es, wie wenn die Welt plötzlich still stand.
Doch die Erde drehte sich weiter.
Die Wolken zogen weiterhin am Himmel vorbei.
 Die Sonne leuchtet genauso strahlend wie vorher.
Und die Vögel sangen noch immer ein fröhliches Lied.

Doch ich sah die Sonne nicht mehr.
In meiner Welt war sie von schwarzen Wolken verdeckt.
Auch den Gesang der Vögel hörte ich nicht mehr,
denn in meiner Welt war es still geworden.
Stille, die nicht einmal meine Verzweiflung mit einem Schrei
durchbrechen konnte.
Denn der Schmerz war zu groß und nahm die Kraft, zu schreien.
Oder auch nur leise zu weinen.
Du warst tot, und mein Leben schien mit einem deinen beendet zu
sein.

So ging es eine lange Zeit. Doch plötzlich regte sich etwas in
meiner Seele.
Es war ein kleiner Vogel,
der vorsichtig begann, das erste Mal mit dem Flügel zu schlagen.
Ganz leise war nun sein Gesang zu vernehmen,
kaum hörbar und doch da.

Da wusste ich, dass noch Leben in mir war,
meine Welt nicht still stand.

Es wird noch eine lange Zeit dauern, bis der kleine Vogel richtig
fliegen kann
und seine Stimme so kräftig ist, dass ihn jeder hört.
Aber irgendwann wird der kleine Vogel fliegen,
Hoch hinauf in die Lüfte, direkt der Sonne entgegen.
Und dabei wird er singen und hoffen, dass die Menschen
innehalten, um zu lauschen.
Der kleine Vogel wird seine Geschichte erzählen und wird die
Menschen damit berühren. Allerdings nur diejenigen, die eine
Seele haben und erkennen,
dass er nichts anderes als das Innerste meiner Seele ist.

Ich hoffe, dass es mir wieder gelingt, Menschen zu berühren. Vielleicht kann ich einigen helfen, diese schwierige Zeit zu überstehen.

Selbstverständlich schreibe ich gerne über alle möglichen Themen. In meinem Leben gibt es nicht nur Trauer, sondern eine Menge mehr. Egal, ob ich heitere oder eher traurige Zeilen schreibe. Ich lebe in meinen Worten. All die Erfahrungen, die ich bereits gemacht habe, helfen mir dabei.

Ich bin ein leidenschaftlicher Optimist, der gerne positiv denkt. Ich denke meist an das Gute und versuche auch in negativen Erlebnissen etwas Positives zu finden. Welchen Sinn hat es? Was würde ich daraus lernen? Hat dies einen Grund, warum es so geschah? Was kann ich daraus für mein weiteres Leben mitnehmen?

Natürlich war es auch nach dem Tod meiner Eltern so. Wenn man erst einmal wieder richtig durchatmen kann, denn zunächst fühlt man sich, als ob die Brust zugeschnürt wäre. Wenn man endlich wieder klar denken kann und nicht nur diesen immensen Verlust im Kopf hat. Wenn man wieder genauer hinschauen kann, weil die Augen nicht mehr verschwommen von den Tränen sind. Wenn sich die dunklen Wolken in der Seele etwas lichten. Wenn das Herz nicht mehr zu Eis erstarrt ist. Dann kann man sich vielleicht fragen, ob hinter dieser grausamen Wahrheit nicht noch mehr steckt. Es gibt sicherlich Menschen, die den Tod realistisch betrachten. Aus und vorbei. Ich glaube, die Mehrheit hat sich schon einmal gefragt, ob der Tod tatsächlich das Ende darstellt. Es gibt möglicherweise mehr, als wir erahnen können.

Die kleine Krabbe

Es war einmal ein junger Mann, der sehr traurig war. Seine geliebte Frau ist leider verstorben. Lange Zeit hatten beide gegen ihre Krankheit gekämpft, aber dann hatte sie doch gesiegt. In den ersten Wochen nach ihrem Tod war er wie gelähmt. Er vermochte es kaum, wieder in ein normales Leben zurückzukehren. Existierte ein normales Leben für ihn überhaupt noch? Selbst in den vergangenen Jahren, als die schwere Krankheit ständiger Begleiter der beiden war, war seine Frau immer noch da. Jetzt war er alleine. Die Jahre, in denen er seine kranke Frau liebevoll gepflegt hatte, erschienen ihm damals wie die Hölle auf Erden. Er empfand die Vergangenheit wie den Himmel auf Erden, da er sie noch bei ihm war. Doch nun hatte er sie verloren.

Er träumte Nacht für Nacht von seiner Liebsten. In Träumen wurden die Erinnerungen an die gemeinsamen Jahre wieder wach. Er verdrängte die Gefühle tagsüber, um nicht am Schmerz zu zerbrechen. Wie oft waren sie zusammen am Meer gewesen? Sie liebte das Meer. Er hatte oft in Bezug auf ihr Sternzeichen gescherzt und gemeint: „Du warst wohl im früheren Leben ein Krebsbein, da Du so gerne am Strand und im Wasser bist." Er wusste damals nicht, dass genau der Krebs ihm seine Frau nehmen würde.

Nachdem er wieder in seinen Träumen vergangene Zeiten erlebt hatte, dachte er, er müsse sich jetzt auch am Tag seinen Erinnerungen stellen. Wo kann er das besser machen als am Meer? Er begab sich an den Ort, an dem er mit seiner Frau am glücklichsten gewesen war.

Es schien, als ob das Wetter seine traurige Stimmung widerspiegelte, denn graue Wolken zogen über den Himmel. Es gab keine Menschen am Strand, lediglich ein paar leere Liegestühle zeugten von dem sonst so regen Strandleben. Der Mann schritt barfuß über den feuchten Sand. Der Wind rötete seine Wangen, und er schmeckte das Salz der Meeresluft auf seinen Lippen. Ein verlassener Liegestuhl lud ihn zum Verweilen ein. Er blickte lange hinaus in das tosende Meer. Wie die Wellen hier tobten, so sehr tobte es auch in seinem Inneren. Er fühlte sich aufgewühlt wie der Meeresboden von der wild schäumenden Brandung.

Plötzlich krabbelte eine kleine Krabbe aus der Gischt.

„Tapferer, kleiner Kerl", dachte der Mann bei sich. Er konnte sich aus den tosenden Wellen befreien und war am sicheren Ufer angekommen. Die kleine Krabbe spazierte direkt zu ihm.

„Ja, Du kleiner Krebs, zwickst nicht in meine bloßen Zehen", rief der Mann gegen den brausenden Sturm.

Er bemerkte in seiner Stimme eine gewisse Fröhlichkeit, eine Leichtigkeit, die er seit dem Tod seiner Frau nicht mehr empfunden hatte.

„Na, kleine Krabbe, Du bist wohl alleine hier draußen", meinte der Mann.

Die Krabbe klapperte mehrfach mit ihren Scheren und murmelte dann vor sich hin: „Was bedeutet alleine? Wer ist wann und wo alleine?"

Der Mann sagte: „Ich bin alleine, meine Frau ist tot und ich fühle mich ohne sie so alleine".

Die Krabbe grummelte vor sich hin: „Du bist nicht alleine, das siehst Du falsch. Deine Frau ist immer bei Dir."

„Dumme Krabbe", konterte der Mann. „Du siehst doch, dass ich alleine bin. Der Liegestuhl neben mir ist leer. Die Fußspuren im Sand sind nur die meinen. Wie kann meine Frau bei mir sein?"

„Siehst Du das Schiff, das auf dem offenen Meer schwimmt?", fragte die Krabbe. „Warte noch einen Moment, bevor es aus Deiner Sicht am Horizont verschwunden ist. Ich frage Dich: Ist das Schiff tatsächlich nicht mehr da oder ist es für Dich nicht mehr sichtbar?"

„Ach Krabbe", sagte der Mann, „Du hast recht, aber meine Frau ist kein Schiff, das einfach am Horizont verschwindet."

Die Krabbe sagte: „Schau zum Himmel, kein Stern ist zu sehen. Heute Nacht wird der Himmel wieder von Sternen übersät sein. Sind sie verschwunden oder sind sie derzeit nicht für Dein Auge sichtbar?"

„Hm", seufzte der Mann, „die Vorstellung, meine Frau wäre ein Stern, den ich nur nicht sehen kann, weil die Nacht für mich noch nicht gekommen ist, gefällt mir gut. Es ist jedoch zu schön, um wahr zu sein."

„Oh, ich sehe schon", rief die Krabbe mürrisch und meinte: „Du zweifelst, Du hinterfragst und glaubst nur, was Du sehen kannst."

Der Mann gab kleinlaut zurück: „Eigentlich schon."

„Stell Dir den Strand vor, die Steine, die in das Wasser ragen, die Liegestühle oder ganz weiten hinten den Leuchtturm. Dies sind alles Dinge, die Du erkennen kannst.", redete die Krabbe weiter.

Der Mann antwortete „Ja, selbstverständlich".

„Wenn nun Nebel aufkommt und alles hinter einer weißen Nebelwand verschwindet, was ist dann?", fragte die Krabbe.

„Dann kann ich nichts mehr sehen", sagte der Mann, „aber ich weiß, dass alles da ist."

„Siehst Du", meinte die Krabbe, „Du weißt, dass etwas da ist, ohne es zu sehen."

Der Mann antwortete: „Wenn sich der Nebel lichtet, werde ich es auch wieder sehen."

„Ja", sagte die Krabbe. „Wenn sich der Nebel in Luft auflöst, wenn sich der Tag in die Nacht versinkt oder wenn Du hinter den Horizont blicken kannst, dann weißt Du, dass das da ist, was Du verloren glaubtest.",sagte die Krabbe."

„Willst Du warten, bis es so weit kommt?", fragte die Krabbe, „oder tröstet Dich jetzt bereits das Wissen, dass nichts für immer verloren ist."

„Du hast vollkommen recht", antwortete der Mann. „Verloren ist nur dann etwas, wenn man die Hoffnung verliert, sich wiederzufinden. Du kleine Krabbe hast mir gerade diese Hoffnung wieder gegeben. Dafür bin ich Dir sehr dankbar."

Bevor er zu Ende gesprochen hatte, krabbelte die Krabbe in das Meer zurück.

Der Mann stand auf und ging langsam davon. Ein Sonnenstrahl kitzelte ihn plötzlich an der Nase. Die Sonne kam langsam aus den dunklen, sich nun verziehenden Wolken hervor. Der Mann lachte glücklich und rief: „Siehst Du Sonne, auch Dich konnte ich vor Kurzem noch nicht sehen, aber Du warst auch immer da. Auch wenn Du hier untergegangen bist, wirst Du in Deiner strahlenden Kraft woanders aufgehen."

Dieses Wissen machte den Mann zufrieden und war nun sein Trost.

Viele von ihnen werden nun denken, „Was für ein Unsinn, nichts als ein Hirngespinst". Doch seien wir ehrlich. Ist das, was ich geschrieben habe, falsch? Ist das Schiff, das am Horizont verschwunden ist, sowie die Sterne am Tag und die Sonne in der Nacht nicht immer noch da, auch wenn wir sie nicht sehen können? Oder etwas vielleicht nur hinter einem Nebelschleier versteckt?

Nebelschleier

Dicht senkt sich der Nebel übers Land.
Bäume verschwinden hinter einer weißen Wand.
Nicht mehr zu erkennen und doch da,
dem Auge fern und doch so nah.
Wüsste ich nicht, dass hier die Bäume stehen,
glaubt ich es nicht, denn ich kann sie nicht sehen.
Doch nur, weil das Auge etwas nicht erkennt,
heißt es nicht, es ist getrennt.
Oft hinter einem Schleier nur verdeckt,
oder hinter tiefer Dunkelheit versteckt
und doch zum Greifen nah,
bist auch Du so immer da?

Nicht zu sehen und doch zu wissen,
dass hinter all dem schmerzlichen Vermissen
doch die Gewissheit mich belohnt,
dass Du ganz nah bei mir wohnst.
So wie durch die Nebelwand,
ich die Bäume doch noch fand.
So wie ich dann erspäht,
als der Schleier kurz verweht,
dass nach der Dunkelheit kommt Licht
und Du bist da, verlässt mich nicht.
Man muss nicht alles klar erkennen,
Dinge nicht beim Namen nennen.

Nicht verstehen und nicht begreifen.
Muss erst wachsen und auch reifen,
um dann als Gewissheit bewusst zu werden,
es gibt Dinge zwischen Himmel und Erden.

Und so wie der Nebel wieder steigt,
sich mir vielleicht Dein Gesicht dann zeigt.
Vielleicht, vielleicht auch nicht.
Es fällt nicht ins Gewicht.
Ich weiß in meiner Nähe Dich
und dieses Wissen tröstet mich.

Jeder kann selbst entscheiden, was er glauben möchte oder auch glauben kann. Es gibt zahlreiche Bücher zu diesem Thema, die alle möglichen Theorien darstellen. Ich denke, dass auch jeder Skeptiker möglicherweise das ein oder andere Erlebnis in seinem Leben hatte, das er sich mit der normalen Logik nicht erklären konnte.

Man kann den Duft des Parfums oder der Zigarre plötzlich wahrnehmen, der sofort eine Verbindung zum geliebten Menschen herstellt. Oder man denkt an den Verstorbenen und hört plötzlich sein Lieblingslied im Radio. Plötzlich erscheint ein schillernder Regenbogen, wenn einen die Traurigkeit quält und empfindet es als Zeichen des Trostes. Man sehnt sich nach seiner Berührung und hat das Gefühl, plötzlich ein Streicheln zu spüren? Egal, wie die Botschaften zwischen den Welten aussehen. Ob es sich nun um Einbildung handelt oder nicht, es tröstet uns und ist Balsam für unsere trauernde Seele. Solange wir die Realität nicht aus den Augen verlieren, kann diese Illusion für unser weiteres Leben ohne den Menschen sehr hilfreich sein. Sie verleiht uns Kraft und Stärke, diesen Weg positiv weiterzugeben, und wer weiß, vielleicht gibt es mehr Dinge zwischen Himmel und Erde, als wir wissen.

Ich habe viele solche Situationen erlebt und fühlte mich jedes Mal
gestärkt und getröstet. Unter anderem sind es auch Träume. Ich
träume häufig von meinen verstorbenen Angehörigen. Träume, in
denen sie ganz normal leben. Ich empfinde es als wunderschön,
denn sie bringen die Menschen zurück, die ich so vermisse. Es gibt
aber auch andere Träume, die mich sehr berühren. Ich bin mir
bewusst, dass derjenige gestorben ist. Er besucht mich und es ist
mir möglich, Gespräche wie zu Lebzeiten zu führen. Obwohl es
sich nur um einen Traum handelt, tröstet es mich ungemein. Ich
habe natürlich versucht, dieses Thema in einem Gedicht
festzuhalten.

Mein Kind, sieh hin

Sieh hin, sieh hin, die Zeit, sie eilt.
Zu lange bin ich schon verweilt.
In Deiner Welt, die nicht mehr die meine ist,
doch wenn ich spüre, wie ich vermisst,
muss ich zwischen den Welten gehen,
nachts an Deinem Bette stehen
und sanft Dir übers Haar dann streichen.
Damit die bösen Ängste weichen.
Einen Kuss Dir auf die Stirn, dann hauchen.
Dich daran erinnern, Deine Kraft zu gebrauchen,
mit der Du schon so viel überwunden.
Dann wachst Du auf und ich bin verschwunden.
Doch auch wenn die Zeit so schnell verstreicht.
Meine Botschaft Dich stets doch erreicht:

Hab' Mut mein Kind, was ist Dir bang?
Du weißt, es dauert nicht mehr lang.
Zu neuen Kräften wirst Du kommen.
Dein Mut, der ist Dir nicht genommen.
Nichts dauert hier für die Ewigkeit.
Dein Ziel so nah und nicht mehr weit.
Du musst den Weg nur weitergehen.
Ich werde Dir zur Seite stehen.
Und wenn Du von mir träumst in dunkler Nacht,
prüf, ob Du schläfst oder schon erwacht.
Vielleicht ist alles gar kein Traum,
denn Liebe überwindet Zeit und Raum.

Wäre das nicht ein schöner Gedanke? Wir können mit unseren Lieben Kontakt aufnehmen. Sie sind stets an unserer Seite, und irgendwann kommt es zu einem Wiedersehen. Wir werden wohl erst nach unserem Tod erfahren, ob es wirklich so ist.

In jedem Fall habe ich eine Erkenntnis gewonnen und gehe davon aus, dass jeder Mensch, der wirklich aufrichtig geliebt hat, bereits diese Erfahrung gemacht hat. Es bleibt etwas von dem Menschen zurück. Nicht nur die Erinnerungen sind es. Vielleicht ist es ein Satz, den der Verstorbene früher oft sagte und den man nun selbst übernommen hat. Möglicherweise ist es eine Vorliebe für etwas, das man früher nicht so schätzte. Das Gefühl, dass jemand auf uns Acht gibt. Die Vorstellung, dass uns ein Zeichen übermittelt wird, dass wir nicht ganz alleine sind. Vielleicht sind es belanglose Dinge, die wir jetzt als Botschaft verstehen. Etwas, das uns Halt geben kann. Nach dem Verlust seines Lebensmenschen hat man das Gefühl, als würde man endlos in die Tiefe fallen. Irgendwann schlägt man auf den Boden und befindet sich dann in einem schwarzen Loch. Es gibt um uns nichts als dunkle Wände, die wir nicht durchbrechen können. Über uns befindet sich ein winziger Lichtschein, der durch die kleine Öffnung in unsere Dunkelheit strahlt. Wir dürfen in diesem Loch nicht verweilen. Mit aller Kraft müssen wir uns gegen die Wand stemmen und hochklettern. Es ist unvermeidlich, dass wir Verletzungen erleiden, Schmerzen empfinden und irgendwann unsere Kraft erschöpft ist. Manchmal rutschen wir immer wieder nach unten, aber wir dürfen nicht aufgeben.

Hier kommen wir wieder heraus. Irgendwann haben wir es geschafft. Niemand kann uns hierbei wirklich helfen. Es besteht die Möglichkeit, für uns da zu sein, uns die Hand zu reichen, aber wir müssen es ganz alleine bewältigen. Wenn wir uns dann aus dem Trauerloch herausgearbeitet und wieder in der realen Welt angekommen bist, werden wir uns erst zurechtfinden müssen. Denn die Welt war völlig verändert. Dort, wo wir früher zu zweit waren, sind wir nun alleine. Doch sind wir tatsächlich alleine?

Ich bin

Ich bin der Wind,
der Dir die Haare ins Gesicht weht.
Ich bin der Sonnenstrahl,
der Dich an der Nase kitzelt.

Ich bin der Regentropfen,
der auf Deine Haut fällt.
Ich bin die Wolke,
die am Himmel über Dir vorüberzieht.

Ich bin der Stern,
der Dir in der Nacht leuchtet.
Ich bin der Gesang der Vögel,
der Dich erheitert.

Ich bin die Blume am Wegesrand,
die Dich erfreut.
Ich bin der Regenbogen,
der sein Farbenspiel am Himmel zaubert.

All das bin ich.
Genauer gesagt, Zeichen von mir,
ein kleiner Gruß
den ich Dir aus der anderen Welt schicke,
um Dich wissen zu lassen,
dass ich Dich in Deiner Welt nicht alleine lasse.

Es ist unerheblich, ob es sich um Zeichen oder Botschaften handelt oder ob wir sie nur als solche empfinden. Wichtig ist lediglich, dass sie uns Trost spenden können. Dann werden wir auch die Kraft finden, nicht in Trauer zu verharren, sondern uns von diesem schmerzlichen Gefühl zu befreien. Sie soll sich verwandeln, denn was bedeutet Trauer? Der Schmerz, dass uns unser geliebter Mensch verlassen hat. Aber auch die Liebe, die wir zu dieser geliebten Person empfunden haben und immer noch fühlen. Liebe ist doch eigentlich ein schönes Gefühl. Ist es uns nicht möglich, unsere Aufmerksamkeit darauf zu lenken? In unserem Herzen die Liebe noch stärker zu fühlen, als den Schmerz. Die Erinnerung an alles, an die gemeinsame Zeit, aber ohne die lähmende Traurigkeit. Es wird ein langer und schwieriger Weg sein, aber er kann auch schöne Momente beinhalten.

Man erlebt so viele Dinge noch einmal. Situationen, Erlebnisse, Lebensinhalte. All die schönen kleinen und großen Glücksmomente mit seinem lieben Menschen. In dieser Zeit ist man seinem geliebten Menschen so nahe. Möglicherweise ist es emotional näher als damals, als all diese Dinge passiert sind. Warum, weil es seinerzeit selbstverständlich war? Wir erkennen jetzt, wie bedeutsam und entscheidend all diese Momente waren. Kleine Gesten, Blicke, Worte.

Ich erinnere mich daran, dass ich mich gern neben den Sessel meines Vaters auf den Boden setze. Er strich mir dann über das Haar. Es war eine liebevolle Berührung, die damals selbstverständlich war. Selbst nach so vielen Jahren kann ich diese Situation wieder herbeiholen und fast ist es, als würde ich wieder seine Hand spüren. Oder dass meine Mutter immer zu mir sagte: „Hallo Mäuslein". Ich war nicht so begeistert davon. Dieses „Hallo Mäuslein" höre ich immer wieder in meinen Gedanken und jedes Mal berührt es mein Herz.

So haben wir die Möglichkeit, unserem geliebten Menschen erneut ganz nah zu sein, da alles in unserem Herzen und unserer Seele verankert ist. Auch dies ist Trauer. Diese Momente, die wir als wunderschön empfinden, auch wenn sie uns schmerzlich berühren. Diese Zeit der Trauer, die wir als Zeit zwischen uns und dem geliebten Menschen, der gegangen ist, betrachten. Es wird deutlich, dass es auch eine schöne Zeit sein kann.

Es war dennoch eine schöne Zeit

Tiefe Dunkelheit hüllt alles ein,
dichte schwarze Wolken
und doch bricht irgendwo ein Sonnenstrahl durch,
ein Lichtschein.
Ein kleiner, heller Schein in der Dunkelheit.
Gehe auf den strahlenden Schein zu.
Fürchte Dich nicht, durchs Dunkel zu wandern.
Hab den Mut, der Dunkelheit zu entfliehen.
Geh, mach Dich auf die Suche nach Licht,
nach Helligkeit
die Dich aus der Dunkelheit befreit.
Und Du wirst sehen,
es war dennoch eine schöne Zeit

Ängste, geboren aus Zweifeln.
Zweifel an ein Erfüllen der Hoffnung.
Hoffnung, den Weg aus der Dunkelheit zu finden.
Und der Glaube.
Der Glaube an Veränderung.
Tiefer Glaube, der innere Ruhe bringt.
Glaube, der einen aufrecht hält,
der stärkt, um nicht ganz in die Tiefe zu fallen.
Glauben, um nur nicht allein zu sein.
Mit Deinen Ängsten, verlorenen Träumen,
Hoffnungen und Sehnsüchten, allein zu sein.
Allein mit der Ungewissheit, ob man stark genug ist,
seinen Weg zu gehen.

Der Weg ist weit und sehr beschwerlich
und es wird Dich viel Kraft kosten,
ihn zu beschreiten
und dennoch ist es eine schöne Zeit

Tristesse hüllt Dich ein,
jeder Zentimeter Deines Körpers trauert.
Tiefe Trauer erfüllt Dich
und doch ist diese Traurigkeit schön.
Du erlaubst Dir zu trauern,
offen Deinen Schmerz zu zeigen
und er lindert das Leiden.
Es ist dennoch eine schöne Zeit

Aus dieser depressiven Phase wächst neue Kraft.
Ängste weichen neuen Hoffnungen,
Verzweiflung macht Glauben Platz.
Du glaubst, dass Du es schaffen wirst.
Du wirst es mit der Zeit ertragen lernen
und hast den Mut, zu kämpfen.
Zu kämpfen, um auch aus dieser Misere
ein kleines Glück zu erschaffen.

Du lernst, das Glück in kleinen Dingen zu finden.
Du suchst nicht länger nach Großartigem,
sondern siehst das Naheliegende
und Du lernst, jede Erinnerung als Glück zu betrachten.
An jedes Wort, jede Geste, jeden Tag.
Und plötzlich haderst Du nicht mehr mit dem Schicksal.

Du bist dankbar.
Dankbar für Dinge,
die Du früher als selbstverständlich genommen hast
und die Dich damals glücklich machten.
Und diese Erinnerungen helfen Dir über Tiefen hinweg

Und ehe Du Dich versiehst,
bist Du der Dunkelheit entflohen und stehst im Licht.
Und selbst, wenn dunkle Schatten
den hellen Schein verhüllen,
weißt Du, dass es nur eine Frage der Zeit
und Deiner Betrachtung ist,
bis die Sonne wieder scheint.

Und Du schaust zurück, sogar mit etwas Wehmut,
denn es war dennoch eine schöne Zeit.

Eines Tages haben wir den Weg aus dem Tal der Tränen gefunden. Wir können unser Leben wieder genießen, können lachen und fröhlich sein. Dennoch wird der Verlust bestehen bleiben. Es ist uns möglich, an manchen Tagen gut damit zurechtzukommen, an anderen Tagen wird der Schmerz deutlicher spürbar sein. Dann sollten wir uns bewusst machen, dass die Traurigkeit auf der Liebe zu diesem Menschen beruht. Trauer ist ein Zeichen für Liebe.

All das, was dieser Mensch uns gegeben hat. Alles, was ihn ausgemacht hat, hat Spuren hinterlassen. Wir haben ihn stets in unseren Gedanken verankert und tragen ihn im Herzen. Das wird immer bleiben und so wird auch immer ein Teil unserer lieben Verstorbenen bleiben. Dieses Wissen kann den Schmerz lindern.

Folglich wird auch immer ein Teil der Trauer bleiben, weil sie Liebe ist.